어둠에서 빛으로

장정윤 시집

도서출판 J&K

어둠에서 빛으로

저 자 장정윤

발행인 권승희

초판 발행 2018년 3 월 3일

2쇄 발행 2018년 5월 25일

발행처 도서출판 J&K

서울시 용산구 청파로 307,301호(청파동1가 청일빌딩)

등록번호 2009년 2월 16일(제2009-000015)

전 화 (02)715-8088 Fax 02-715-2344

010-3665-3593

은행구좌 국민은행방배남지점 782-21-0143-961(권승희)

값 10,000원

ISBN 978-89-968354-8-6

『 시 머리글 』

나의 제3시집 "어둠에서 빛으로"는 첫 시집 "나의 사랑 나의 연인"과 두 번째 시집 "빛이 오기 전에 어둠이 먼저 오는가"에서 몇 편의 시를 포함한 새로운 시를 수록 했습니다.
제가 살아온 날과 바램을 시로 담아서 어느 누군가에게 따스한 온기를 전해줄 수 있다면, 그것만으로도 행복하겠습니다.

2017년 11월 20일

장정은

‖ 차례 ‖

* 1부_ 희망언덕에서 보내는 편지

* 2부_ 사랑하고 싶은 밤

* 3부_ 정치=나의 꿈

* 4부_ 삶의 달콤쌉싸름 맛

* 5부_ 그리운 나의 형

1부

희망언덕에서 보내는 편지

어둠에서 빛으로

한강으로 흐르는 여름밤의 어두운 강물은
하늘 높이 치솟아 오른 달과 별들을 녹여
은빛 강물을 만들어서 바다로 흘러 보낸다.

한강둔치의 바람이 강풀을 흔들어 대면은
한강물 속 물고기들은 흐르는 은빛강물을
먼저 마시려고 서로 물어뜯으며 싸워 된다.

큰물고기는 작은 물고기를 통째 삼키려하고
힘이 없는 작은 물고기들은 살아남기 위해
큰 물고기의 꼬리를 물려고 온갖 몸부림친다.

강물 속의 작은 물고기는 미래를 희망삼아
어둠속에서 빛을 향해 발부둥치며 살지만
큰 물고기는 배가 터지도록 먹어치우려 한다.

하늘에 솟은 달과 별들이 녹아내린 은빛강물
바다로 흘러내려가는 자연의 진리를 깨달은
작은 물고기의 꿈은 어둠에서 빛으로 향한다.

장밋빛 희망

버드나무가지 매달린 빗물 한 방울
실바람 불어와 계속 흔들어 되고 있다

컵라면에 뜨거운 물 가득 채우지만
마음은 강둑 허물어지듯 무너져 내린다

지나간 일들은 다시 돌릴 수 없고
후회한들 이젠 다시 오지 않는 일이다

길거리에 내리는 봄비는 나를 울려
텅 빈 사무실에 허무한 마음만 채운다

거리의 신호등만 보고 서있는 나에게
봄비는 속삭이듯 꿈을 접어라고만 한다

신호등에 횡단보도를 건너려는 사람들
갈 곳 잃은 나처럼 빗물을 맞으며 서있다

슬픔으로 말라버려 텅비어버린 가슴속
누가 찾아와서 장밋빛 희망으로 채워줄까

꿈의 한강 둔치 (1)

가슴속에 가시 돋친 장미가지를 들고
파도치며 바람 부는 한강둔치에 서니
63빌딩은 노을에 불타오른 불꽃 같이
괴로운 위선의 껍데기를 벗기고 섰다

흘러가는 강물인가 떠나가는 구름인가
올 것 같고 잡힐 것 같은 장밋빛 꿈을
시련의 연금사가 되어 한강둔치에 서니
꿈을 부른 유람선의 고동소리 파도친다

꿈의 한강둔치 (2)

석양에 한강둔치의 갈대 풀잎들
분홍빛 들판으로 곱게 물들이면
고독한 마음 갈 곳 몰라 헤매게 한다.

강 풀잎에 흔들거리는 실바람들
귓가 맴돌며 속삭이듯 유혹하며
한강 건너저편 희망의 꿈이 있다한다

한강 유람선 뱃고동소리 울리면
한강물 속 물고기 하늘높이 솟아
한강둔치에 꿈의 씨앗 뿌리라고 한다

한강철교 난간 끝에 매달린 노을
동쪽하늘 흘러가는 조각구름 보고
꿈이 솟는 여의도 둔치 길로 가라한다

불멸의 꿈

한강 둔치의 풀벌레는 밤을 지새우며 울고
반야서 벗어난 빛은 남산허리부터 밝아온다.

끊을 수 없는 정치철학에 생명을 불어넣고
희망의 싹이 나오도록 사랑의 씨앗을 뿌렸다.

더 높고 깊은 개혁의 정치사상을 펼치려 해도
운명은 단 한 번의 기회도 주지 않고 팽개친다.

빛과 그늘

나에게 돈과 권력이 있느냐
모두 없다 해도 상관치 말라

부패와 정의 사이 갈등 있어도
신념만 있다하면 괴로워 말라

윤리적인 원칙과 정의 기준으로
바른 판단할 수 있는 능력 있으면

행동은 빛이 비친 그늘 생각 말라.

희 망

바람이 지나가는 물 언덕에 서서
물결치는 푸른 대나무 숲을 본다

흐르는 강물은 쌓인 오물을 씻고
강변에 하얀 모래밭 언덕 만든다

꿈과 희망이 쌓이는 물 언덕 위로
부풀어 오른 내 마음 기어오른다.

복수초

눈 쌓여 얼어붙은 땅위로
노오란 꽃망울 터트리려고
얼은 땅을 뚫고 하늘 향해
조심스럽게 솟아오른 복수초

겨울바람 차갑게 스치며
맨살 꽃잎 얼어붙게 해도
하늘 뚫린 틈 사이로 비친
실 빛을 향해 피어난 복수초

편 지

창가에 앉아 버드나무 가지 끝에서
파랗게 물들어 가는 봄날을 바라본다

산비탈 계곡은 하얀 가루 뿌린 듯이
봄눈에 구멍 뚫린 나뭇잎 새로 본다

오랜 세월을 그토록 사랑 하면서도
너무나 매정스럽게 무관심했던 여인

눈빛 서먹한 가냘픈 그대 여인에게
파란잉크로 쓴 한 장의 고운엽서로

여름날이 소리치면서 다가오기 전에
티끌 없는 순수한 내 사랑 전하겠다

2부

사랑하고 싶은 밤

첫 사랑

가슴속 깊이 가두어 버린 작은 새 한 마리를
열어 줄 수 있는 열쇠를 나는 잃어버렸습니다.

주둥이로 수 갈래 쪼아 찢어 놓은 가슴 속은
아물 수 없는 사랑의 상처로 깊게 남았습니다.

꺼져가는 숨소리에 굳게 닫혀버린 마음의 문
그대 붉은 입술로 열 때까지는 기다리겠습니다.

가슴속 녹아버린 첫사랑 상처를 어떻게 달래나
영원히 아물게 하는 비밀 그대는 알고 있습니다.

귓가에 속삭이듯 언제나 들리는 구슬픈 목소리
애절한 첫사랑 비밀을 그대가 만들어 놓았습니다.

돌담장 위로 하얀 눈 날린 고독한 날 밤에는
빨간 장미꽃 덩굴로 감싸듯 그대를 생각합니다.

가시덤불 사이사이로 별빛이 스며드는 밤에는
옷자락 매달렸던 마음의 상처를 달래야겠습니다.

실 같은 바람이 나뭇가지 흔들어 되는 밤에는
가슴속 깊이 갇혀버린 첫사랑 비밀을 생각합니다.

봄의 문턱에서 그늘진 그대 얼굴을 생각하면
연민의 정 때문인지 불타오른 첫사랑을 느낍니다.

내가 그대를 생각하며 잊지 못하는 바보사랑
누구도 풀지 못하는 가슴속 깊은 첫사랑입니다.

조건 없는 사랑

그대 사랑한다는 것이 얼마나 행복한 일인지
나의 모든 서글픔과 괴로움도 잊을 수 있다는 것을

그대 만날 수 없는 머나먼 곳에 있다하여도
꿈속에서 볼 수 있는 것만 해도 얼마나 행복한 것을

그대 달콤한 꽃향기가 밤마다 침실로 날아와
사랑한 그대를 느낄 수 있는 것만 해도 행복한 것을

그대 사랑이 돌담위의 빨간 줄 장미와 같이
상처뿐인 마음을 감싸 어루만지면 너무 행복한 것을

장미가시에 찔러 빨간 핏방울 솟아난 고통도
속삭이듯 불어오는 그대 향기로 참을 수 있는 것을

새벽 장미꽃잎에 솟아오른 이슬 같은 내 가슴
그대 조건 없는 순결한 사랑에 너무나 행복한 것을

하얀 눈꽃나린 봄날에 웃어주는 그대 만나면
조건 없는 순백한 나의 사랑은 한없이 행복한 것을

나의 사랑, 나의 연인! 조건 없는 나의 사랑
여름날 박꽃처럼 환한 웃음 터트리며 내게 오느라

장미꽃 붉게 타오른 꺼지지 않는 가슴열고는
꿈속에 만난 아름다운 그대 조건 없는 사랑하리라

나의 사랑 나의 연인

나의 사랑 나의 연인을 위해
나는 한 마리의 가마우지

잡은 물고기 토해 어부에게 주고
뗏목 위에서 가쁜 숨 몰아쉬며

목에 묶인 줄 때문에 삼킬 수 없어도
괴로워 슬퍼하거나 원망도 아니 하고

바람 불고 비오는 어두운 밤이라도
뗏목 앞에 밝힌 초롱불빛 따라가며

노 젓는 물소리에 마음을 위로하고
자맥질로 생각과 행동을 멈추지 않는

나의 사랑 나의 연인을 위한

나는 한 마리의 가마우지

사랑하고 싶은 마음

산언덕에서 바람불어오는 밤
강물 위에서 바람불어오는 밤

아이들 달빛 속에 물장구치면
물고기 달빛 속에 하늘높이 솟는다.

강풀처럼 흐느적거리는 마음
산갈대처럼 바삭거리는 마음

강 건너 물 언덕 은행나무 아래
소녀들 노래 소리 밤새는 줄 모르고

진한 사랑하고 싶은 간절한 마음
갈 곳 몰라 솔밭 노송아래 맴돌면

강 건너는 소녀 치맛자락에 아무도 몰래
자작나무보다 순결한 마음 따라 보낸다.

그리움

선인장 가시에 찔린 손가락의 핏방울처럼
마음속 깊이 빨갛게 그리움이 솟아 나온다.

끝이 보이지 않는 낙엽 떨어진 가로수 길
머리 숙여 혼자 걸어가는 여인을 바라본다.

그리움은 나에게로 소리 없이 다가왔다가
꼬리 없는 자동차 꽁무니를 따라 가고 만다.

기다리는 마음

초겨울로 달리는 늦가을 비는 바람을 타고
신작로 떨어진 나뭇잎을 길모퉁이로 몰아낸다.

몸부림치며 울부짖는 낙엽은 어디로 가는지
수많은 빗물방울과 어울려 춤추며 떠내려간다.

어둠이 밀려오기까지는 조금 빠른 시간에
아파트 창문틀에 서서 창밖을 홀로 바라본다.

놀이터엔 놀고 있던 아이들 보이지 않고
덩그렇게 바람에 흔들거린 그네 줄만 보인다.

바람비는 나뭇가지들을 소리높이 흔들고
가슴속엔 늦가을 빗소리만 구슬프게 안긴다.

냉기 가득한 창가에 홀로 서있는 마음은
올 것 같지만 오지도 않는 그녀를 기다린다.

LOVER 연인(1)

시간과 장소를 다르게 살아간다 해도
마음만 서로 같은 생각과 행동을 하면
세상에 이것보다 더 고귀한 사랑은 없다.

사랑하는 연인에게 줄 수 있는 것이
아무 것도 나에게는 없다고 하지만은
보지 않고도 느낄 수 있는 사랑이 있다.

연인에게 줄 수 있는 것이 있다하면
보이는 물질보다 언제나 변하지 않는
마음으로 가슴속 깊이 박힌 사랑뿐이다.

연인이 떠나도 슬픈 감정 보이지 않고
순백한 말과 행동으로 연인을 감동시킨
불같은 사랑의 추억만을 생각할 것이다.

LOVER 연인(2)

눈바람 매몰찬 추운겨울날은
몸과 마음으로 서로 방패막이 되고

태양이 끓어오르는 여름날엔
바람이 멈춰 쉬는 나무그늘이 되어

몸과 마음을 하나로 뭉치어
늘 푸른 하늘의 붉은 태양을 향해

생명의 샘물을 함께 마시며
아끼면서 사랑하는 연인이 되리라.

나의 여자

뽀얀 귀밑아래 국수 올 같은 머릿결
손가락 길게 빗어 올리는 여자

찰옥수수 알맹이처럼 박힌 흰 치아
환하게 웃으며 다가오는 여자

안경태보다 더 큰 까만 눈을 뜨고
나만 바라보며 깜박이는 여자

하얀 얼굴을 노을보다 더 붉히면서
속삭이듯 귓속말을 하는 여자

꿈속에 봤는지 길거리서 만났는지
한없이 마음을 설레게 한 여자

마 음

만나도 또 만나고 싶어지는
보고도 또 보고 싶은 마음이 있다.

외로움과 아쉬움뿐인 마음은
알 수 없는 추억속의 껍질뿐이다.

찌꺼기뿐인 그리움과 서러움은
가슴속의 잡초처럼 외롭게 자란다.

뻥 뚫린 가슴속은 멈추지 않는
바람만이 소리치며 지나가고 있다.

짝사랑

내 가슴속 깊이 고인 사랑의 샘물을
그대 손 작은 쪽박으로 남김없이 퍼서
그대 작은 주머니에 아낌없이 담아다오

하늘에서 유리알처럼 떨어지는 별들을
새끼줄처럼 엉키어 꼬며 흐르는 강물을
그대 작은 가슴 속에 남김없이 담아다오

그대 있는 곳이면 내 사랑 달려가오니
그대 머문 곳에 사랑의 씨눈 틀 수 있게
흔들거리며 사랑하는 내 마음을 잡아다오

그대 아름다운 사랑 언제 돌아올지 몰라
달빛에 생긴 그림자만 그대 곳으로 보내니
비틀거려 떠나는 마음 사랑의 힘으로 잡아다오

지난 사랑

눈가루 휘날리듯이 꽃가루 흩어진 봄날에
그리운 사랑 잃어버린 하늘과 땅 사이에
외로운 나무가 되어 물 언덕에 홀로 섰다

팔을 벌려 가슴 터지도록 불러도 대답 없고
천 갈래 찢어진 사랑의 고통 전할 길 없어
물 언덕 위로 외롭게 뿌리 내린 나무되랴

긴 아픔 남기고 밀물처럼 아득히 멀어진 사랑
가슴 속 찌꺼기처럼 진한 사랑 냄새나지만
광장에 떼 지어 앉는 비둘기인양 쌓인 고독

가버린 사랑

해가 지면 달이 뜨고
밤이 가면 낮이 오고

나뭇잎 떨어지면 새잎 돋고
겨울이 가면 새봄 다시 오듯

지나간 모든 것은 다시 오는데
내 사랑 한번 가니 다시 못 오네

부어라 한 잔 술에 이 슬픔을 타서
괴로운 술잔 지켜들고 단숨에 마시리라

불러라 큰소리로 그 구슬픈 노래를
가슴에 묻은 괴로움을 소리 내어 울어라

물레방아처럼 모든 것이 회귀해도
한번 가버린 사랑은 다시 오지 못하네

허무한 사랑

산도 강도 움직이지 아니하고 보이지 않고
하늘도 땅도 숨을 멈추는 구나 멈추는 구나
산 풀도 강풀도 흔들지 아니하고 가고 없다

산새도 물새도 울음을 토하는 구나
애달파 세상에 영원한 것은 없는가
슬퍼서 괴로워도 아니 울 수 없는가

사랑이 이렇게 허무할 줄 뉘 알았으랴
한번 가버린 사랑은 다시 올 줄 모르네
세월만 보내 버리면 잊을 수가 있겠는가

봄비에 떨어지는 꽃잎

봄비에 바람불어 나무에 핀 화려한 꽃잎
모두 떨어진다고 아쉬워하거나 괴로워서
눈물 흘리지 말 것을

꽃나무는 새벽이슬 같은 맑은 물을 마시고
순백한 마음으로 정직하게 성장하여야지만
화려한 꽃 핀다는 것을

오염된 물을 마시고 화려한 꽃을 피워도
봄비에 떨어져 시드는 자연의 진리 앞에
허무한 마음뿐인 것을

잊어버린 사랑

바람아 불어라 강과 산 그리고 들판으로
나는 소리 없이 불어오는 바람 되고 싶다

구름아 흘러가거라 물처럼 강과 바다로
나는 머물지 않고 떠도는 구름 되고 싶다

그리운 사랑은 아름다운 사랑의 노래로
몸과 마음으로 불러가며 춤을 추고 싶다

바람처럼 옷깃에 묻혀 잃어버린 사랑을
구름 같이 흘러 잊어버린 사랑 생각한다.

허 무

겨울비 내린 후 찾아온 쓸쓸함보다 더한 것은
외로움이 밀려오는 밤인가

누군가 화사한 웃음 머금고 찾아 올 것 같지만
끝내 찾아오지 않는 밤인가

얼굴에 홍조를 띄고 하얀 치아를 살짝 보이며
웃는 여인이 떠나간 밤인가

아름다웠던 사랑의 실패보다 더 허무한 마음은
사랑은 다시 오지 않는데 있다.

돌담장 위로 하얀 눈 날린 고독한 날 밤에는
빨간 장미꽃 덩굴로 감싸듯 그대를 생각합니다.

3부

정치=나의 꿈

빛이 오기 전에 어둠이 먼저 오는가

봄날 마을앞산 비탈계곡 가득히 핀 진달래꽃 소리 내며 불타면,
골목길로 스며드는 꽃향기 취해 손 흔들면서, 춤을 추었던 것은

여름날 별빛 따라 은빛 강물위로 날피리들 하늘 높이 날면,
물장구치듯 달빛 속에 목욕하며 물 언덕위에 노래 불렀던 것은

가을날 야산 소떼 풀어놓고 친구들과 어울려 씨름 한판하면서,
모닥불에 손과 입 새까맣게 되도록 밭둑서 밀과 콩서리한 것은

겨울 낮 강물 얼음판에 썰매지치기 팽이치기를하며 놀고 나면,
땅속 김장김치로 찬 보리밥에 이빨 시리도록 밤참을 먹은 것은

물 언덕 초가집에서 자취 하면서 주먹보리밥에 나무지게지고, 하루 종일 어른 틈바구니에 끼여 땔나무하려 험한 산을 다닌 것은

산 비탈길 물굽이 치듯 감돌아 가는 바리재산고무신 벗어들고, 칼돌산 삼 십리 맨발로 넘는 고통 참으며 책을 열심히 본 것은

오일 장날 생선 한 마리 사면 부끄러워 책가방 넣어 집에 오면, 책은 생선 물 비린 냄새 풍겨나도 마음만은 즐겁기만 했던 것은

가마솥에 보리쌀 넣고 아궁이에 생솔 피우면 검은 연기 때문에 땀과 눈물로 범벅된 새까만 얼굴에도 웃음을 잃지 않았던 것은

암연어가 회귀 본능으로 먼 바다를 돌아와서 태어난 강가에서 산란 후 죽어서도 알에 깨어난 새끼의 먹이로 희생하는 것은

명태가 추운 겨울날 작대기에 매달려 따뜻한 봄날을 기다리며,
황태가 될 때까지 눈비를 맞으면서 괴로움 참고 견디는 것은

빛이 오기 전에 어둠이 먼저 온다는 만고불변진리를 믿으며, 다가오는 미래에 대한 성공의 신념으로 희망을 꿈꾸기 때문이다.

정치가는 누구나 될 수 있다

정치가는 누구나 될 수 있다
그러나 참정치가는 누구나 될 수 없다

타인에게 존경받는 정치가는 소수이며
권력과 부귀를 추구하는 정치가는 다수이다

사람들에게 축복받는 참정치가라는 것은
국민을 위한 참사랑과 법을 존중하는 사람이다

참정치가는 인간다운 품성과 부패를 억제하며
권력과 부귀를 배척하는 정치 철학이 있어야 한다

유혹과 압제의 정치적 환경도 굴하지 않는
국민을 위한 길 외롭게 걸어가는 정치가는

누구나 정치가는 될 수 있다.

정치란!

정치란! 정의와 평등이다

정의와 평등이라는 것은
신분과 부의 기준이 아니라
선한 행동으로 정직한 삶을
살아갈 수 있도록 하는 것이다

정치적 삶이라는 것은
명예욕 때문에 사람들에게
경멸과 공격을 당하고 있는지
언제나 두려워하거나 불안한 것이다

정치란! 욕심의 짐을 내려놓고
강물 흐르듯 살아 갈수 있다면
괴롭히며 자유롭게 하지 않고 있는
매듭은 풀리면서 행복해 지는 것이다

나의 정치적 꿈

정치적으로 완전한 자유민주주의가 되고
경제적으로 자본주의의 모순을 배격하고
적극적으로 공산주의를 타파하는 것이다

합리적으로 민주적인 경제계획을 통하여
부익부 빈익빈의 경제 불합리성을 없애고
경제발전의 혜택이 고루 돌아가는 것이다

법 앞에서 누구나 기회균등하게 적용되며
정의롭고 인간다운 생활을 향유할 수 있는
행복한 복지사회를 건설하는 정치적 꿈이다

정치사랑

자연인으로 태어나 평등한 대우와 존경을 받고
자유로운 삶을 살려면 누구나 정치를 사랑하라

누구나 법제도 앞에 불공평한 대우를 받지 않고
인간존엄성을 지킨 행복한 삶을 살 권리가 있다

한 사람의 소외도 가치박탈도 되지 않는 사회는
평등한 자유가 보장된 생산적인 정치사랑 뿐이다

정치가의 생각

현재 존재하고 있는 정치적 생활환경이
정치가로서의 동기 목표 가치 관념 등이
사회적 윤리적 정의에 어긋나지 않았는지

외부에서 일어나는 모든 정치적 반응이
자신 의식 내 면 속에서 잠재적 충동에
기초한 내면적 갈등으로 일으키지 않는지

정치가로서 의견 행동이 대인관계에서
촉진 유지되어 형성 수용 동조됨으로써
사회가치와 윤리규범에 동일화 되었는지

이것이 정치가의 올바른 생각이다.

정치부패로부터 자유

열린사회에서는 개인능력과 재능에 관계없이
인맥과 돈 줄로 수단과 방법을 가리지 않고
비밀히 이루어지는 밧줄정치 고리를 끊어버리자

정치사회는 원론적인 정치의 장이 되어야지
인간이 만든 법제도와 규정을 정치가는 지키며
의회정치 정당정치 정책정치사회를 만들어야 한다

국민의 탈정치 불신정치 정치무관심사회가 아닌
국민의 인식과 행동을 자유롭게 표출할 수 있는
자유롭고 정의로운 정치사회를 만들어 나가야 한다

국민의 정치의식이 획일적 단정적인구조가 아닌
자유사상의 붕괴로 순응과 복종만이 강요되지 않는
자유롭고 쾌적한 개인권리를 향유하는 사회를 만들자

마음의 눈으로 보라

한 번의 실패로 인생은 끝나지 않으며
성공할 사람은 눈물의 빵맛을 알고 있고
실패한 자는 말과 변명을 일관하지만
성공할 사람은 새로운 도전에 용기를 낸다

성공은 돈과 권력에 무임승차 않으며
정의로운 행동으로 도전하는 것이며
나 자신의 마음이 어디에 속해있는지
마음의 눈으로 자기 자신을 들여다본다

자신을 디자인하라

바른 생각과 판단으로
자신의 행동을 디자인하라

인간관계에서 신뢰받는
좋은 이미지로 디자인 하라

다른 사람을 배려하는
멋진 사람으로 디자인 하라

4부

삶의 달콤쌉싸름 맛

삶의 소유

더불어 살아가는 생활에 소외되지 않게
자유롭고 평등한 사고와 가치를 가지고
솟아오르는 미래의 꿈을 소유하고 싶다

흐르는 세월 속에 가난한 삶의 고통으로
인정이 고갈대어 나에게 확대한다 하여도
다가오는 미래에는 행복을 소유하고 싶다

환경이 압박하여 조금가진 것을 수탈해도
권리와 자유를 완전 파괴하지 않는 한에는
자유와 정의로운 삶을 소유해 나갈 것이다

나의 장인과 장모

여름밤의 그리움이 슬픔 되어 소리치며 몰려오면
늘어진 무더운 여름밤의 허무한 마음 갈 곳 없다

하얀 대머리에 직각으로 구부러진 허리를 굽히며
지팡이를 잡고 마당에 떨어진 은행을 알알이 줍던
모든 사람 평온하게 하던 장인의 모습이 떠오른다

한 평생을 작은 명예와 재물에도 욕심 한번 없이
청빈하게 살며 깨끗하게 돌아가신 나의 장인이다

울진 지방선거에 낙선 후 가족과 서울로 오던 날
지팡이 잡고 구부러진 허리를 펴면서 현관에 서서
눈물보이며 손을 말없이 나에게 흔들어 주던 모습
장인 떠난 지금 나를 영원히 잊을 수 없도록 한다

나의 처남은 너무 외롭고 슬픔에 고통스러운 밤은
아무도 없는 고향집으로 전화를 걸어 본다고 한다

텅 빈 죽변 집의 고요함을 흔드는 전화 벨소리에
누군가 받을 것만 같고 부모님의 그리운 목소리가
들릴 것만 같아서 빨리 전화 받으라고 소리치면서
허무한 마음 밤새도록 몸부림치면서 울었다고 한다

나의 장인이 우리의 곁에서 떠나고 없는 지금에는
장모는 장인이 잡고 다니다 남기고 간 지팡이 잡고
외로운 날은 장인 그리워하며 지팡이에 눈물 흘린다

지팡이를 잡고 걸으면서 장인을 얼마나 그리워할까
땅이 꺼지고 하늘이 무너져 내려버리는 그런 심정을
누구도 알지 못할 것이며 자식들이 잘하는 행동에도
떠나버린 장인의 마음과 행동에 비할 수 없을 것이다

꼬리에 꼬리를 물고 가는 여름밤의 외로움과 슬픔은
잠 오지 않는 여름밤을 한없이 늘어지게 만들고 있다.

은행나무 집

죽변 산자락 끝에 목조 집 마당 귀퉁이에
아름드리 은행나무 한그루가 지붕을 덮고
탱자나무 가시울타리에 노란탱자가 열리면
우물가 무화과는 보라색 알맹이를 터트린다.

뒷산 절벽바위 늙은 노송 바람에 소리치면
얽힌 칡덩굴위로 산새들 모여앉아 울어 된다

은행나무 축 늘어진 가지마다 포도송이처럼
은행이 익어 땅에 떨어지는 은행소리가 나면
장인장모는 허리를 굽혀 은행을 주워 담는다

은행껍질 벗겨서 말리는 수많은 고통도 잊고
객지에 흩어서 사는 자식에게 나누어 보낸다

구부러진 허리로 지팡이 짚으며 걸어 다녔던
은행나무집은 지금은 아무도 찾아오지 않고
텅 빈 집 위로 흰 구름만 지나가다가 멈춘다

은 행

무더운 여름 낮 태풍은 비바람으로 몰아치고
대학병원 앞 버스 정류장 의자에 앉은 나는
버스에 많은 사람들이 내리고 타는 것을 본다

종합검진을 받는 아내에 대한 불안한 마음에
비에 젖는 줄 모르고 흔들리는 가로수를 보면
비바람에 은행나무 푸른 잎과 은행이 떨어진다

아스팔트 빗물에 은행잎은 어디론가 흘러가고
오가는 사람들 발길에 밟혀버린 수많은 은행은
푸른 속껍질 벗겨져 길바닥에 뒹굴며 소리친다

지금쯤 죽변 집 앞마당은 은행나무에서 떨어진
은행들이 무더기로 흩어져 있을 것을 생각하니
장인장모 함께 계셨다면 몇 날을 주웠을 것이다

고통과 상처뿐인 은행 누구하나 줍는 사람 없자
장인장모가 은행을 허리 굽혀 줍던 모습 떠올라
껍질 벗겨진 은행보다 가슴속 아리며 눈물이 났다

한가위 보름달

한가위 보름날 저녁
은행나무아래 자리 펴고 앉아
마당 귀퉁이에 모깃불 피우며
연탄불에 고등어를 굽는다

소나무가지 숲에 쌓인 보름달
밤바다를 가로질러서 죽변집
은행나무에 덩그렇게 걸리도록
두 사람은 술 마시고 마신다

서쪽 산비탈을 향해 줄달음치는
보름달은 대낮처럼 달빛을 토하고
연탄불 은박지 싸인 구운 고등어
술안주 맛 너무 좋아 억울하다

보름날 은행나무 전등불아래

모깃불 피워놓고 바둑 두면서
보름달 함께 보며 술잔 나누던
장인이 없으니 더 원통하다

나의 어머니

울진 장날
온종일 시장바닥 모퉁이에 쪼그려 앉아
장바구니에 야채를 담아 파시던
나의 어머니

빈 바구니에 저녁노을이 가득담기면
구겨진 몇 푼 손에 쥐고 접힌 허리 펴시던
나의 어머니

주름 깊은 어머니 손에는
나의 학비가 차곡차곡 쌓여있었다

집으로 돌아오는 바리재산 고갯길 삼십리
산 칼 돌에 고무신 찢어질까봐 손에 들고
맨발로 산 고갯길을 넘으셨던
나의 어머니

부르튼 어머니의 맨발을 생각하면
지금도 가슴이 아프고 눈물이 앞선다

돌아가신 어머님이 넘으시던 그 고갯길
지금도 내 가슴속에 살아남아있다

여름밤의 강변

모래자갈 사이 흐르며 속삭이는 강물소리
강물 속에 파고드는 달빛 몸부림 때문이다

모래자갈 쌓인 반달 같은 강변의 달빛 웃음
바람 불어 나무숲을 흔드는 속삭임 때문이다

하늘 솟은 둥근 달이 작은 별들 삼키는 모습
은빛 달빛에 몸부림치는 강풀나무들 때문이다

여름밤 강변에서 날뛰는 고삐 풀린 여인네들
달빛에서 하얀 알몸 드러내고 춤추기 때문이다

밤비 내리는 항구

밤비가 항구부두에 소리치며 내리자
검은 파도는 하늘높이 울부짖고 있다

바다 멀리 떠나고만 싶은 고깃배들
밧줄에 묶여 서로 몸부림치고만 있다

부두에 외롭게 서있는 가로등 불빛에
하늘서 뿌린 빗물 밤바다 멀리 비친다

부두에 골목마다 늘어선 판잣집에서
젓가락장단 부르는 뱃사람노래 슬프다

검은 하늘로 솟아오르는 파도소리는
뱃사람들의 눈물과 한 맺힌 울음소리다

밤 부두에 홀로 서있는 비 젖은 나그네
갈 곳도 오라는 곳 없어서 너무나 슬프다

술 맛

새끼손가락 막걸리 술잔 집어넣고
몇 번 휘휘 젓다가 들어 올리면서
손가락 끝에 묻어 떨어지는 술 방울
혓바닥으로 빠는 술맛이 최고이지

대폿집 삐꺼덕거리는 나무의자에 앉아
막걸리 잔 마파람 게눈 감추듯이 마시고
총각김치 입 터지도록 가득물고 씹으며
손바닥으로 입 한번 닦는 맛이 최고이지

대작하는 자 없어 혼자 자작하더라도
목줄에서 나오는 트림냄새 품어 내고
가몰 거리는 추억 술잔에 섞어 마시면
술맛 중 제일 아니고 그 무엇이 있으랴

아 들

점심시간은 다산과 퇴계의 동상이 있는 남산 도서관에 가서
식당에서 열심히 시험공부 하는 아들과 같이 점심을 먹는다

점심을 먹고 난 후에 분수대를 지나 남산 돌계단을 오르면
숨이 하늘 끝에 닫는 괴로움을 참으면서 남산 정상을 향한다

남산 돌계단을 오르며 흘리는 땀과 괴로움은 시간을 쪼개도
시험공부에 부족한 아들의 괴로움 보다 모자란다고 생각한다

아들은 오랜 시간동안 매미가 되기 위한 땅속의 유충과 같고
창공을 날기 위해 둥지에서 어미 새의 보호받는 어린 새이다

과거와 미래를 잇는 현실은 고통스럽지 않은 것이 없다하니
아들아! 정상을 힘들게 올라가보면 성공의 참맛을 알 것이다

남산의 봄(1)

봄 오는 소리를 듣고 서울남산 둘레 길을 따라
하늘 높이 솟아오른 남산 타워를 향해 산을 오른다

남산은 계곡마다 활짝 핀 벚꽃나무로 가득 채워
한 조각하늘도 한줄기 빛도 없는 꽃 동굴이 되었다

산등성은 벚꽃 핀 고목들로 줄띠를 만들어 놓고
바람 불때마다 연분홍 흰 눈 꽃잎을 길 위로 뿌린다

아름드리 벚꽃나무 터널 속에 갇혀 하늘을 보면
지붕처럼 덮은 벚꽃 눈덩어리는 금방 쏟아질 것 같다

봄의 속삭임에 도취된 장끼는 소리높이 울며날고
벚꽃나무 가지마다 한 아름 햇살 앉고 향기 뽑아낸다

남산의 봄(2)

남산 둘레 길 봄날에 하얀 분홍빛 벚꽃 잎이 바람에 날리면
산철쭉의 검붉은 꽃물이 산비탈 계곡 가득히 흘려서 내린다

작은 포도송이처럼 알알이 열린 라일락 꽃향기 가득 퍼지면
하얀 눈꽃송이처럼 아가시아 꽃송이에서 진한향기 품어낸다

남산 둘레 길을 따라 흐르는 도랑물의 가냘픈 속삭임 소리에
마음 약한 물속 난초가 긴 목 뽑아 샛노란 꽃을 수줍게 피운다

용문동 정류장

느티나무 다섯 그루 서있는 용문시장 가는 길 버스 정류장
느티나무가지 잎은 하늘에 솟은 달을 잡기위해 설렁거린다

용문시장 골목의 가로등 불빛이 어둠을 조금씩 삼켜버리면
느티나무 그늘아래 나무의자에 앉아 마음속의 술을 마신다

원효대교를 건너 여의도를 향하던 버스가 정류장에 멈추면
사람은 어디서 오고 어디로 가는지 버스에 내리면 타고 있다

바람불어와 느티나무 가지 잎 속 묻힌 달을 흔들어 춤추면
술 취한 마음은 무엇을 위해 어디로 가야만 하는지 모른다

용 문 사

소나무 가지 끝마다 솔잎은 강열한 햇살을 품어 내고
그늘아래 길 따라 흐르는 도랑물은 계곡물 되어 흘러간다

천년을 하루인양 대웅전 앞 은행나무는 지천을 울리는
목탁소리에 오천 개의 은행잎 나붓거리며 꿈을 펴고 있다.

하늘아래 잘못한 행동을 꾸짖는 대웅전 부처님에게
무릎 꿇고 간절한 마음에 용서를 빌고 마음을 달래본다

안동 월영교

밤술 취한기분에 월영교 난간에 홀로 오니
호수는 하늘 바다처럼 흰 구름 가득 채웠고
물안개 엷게 펴지면서 호수위로 깔아 놓고
흐른 샛강 물은 호수 물을 조금씩 밀어낸다

밤비에 강물은 잔물결 치듯 물 띠를 만들고
월영교 난간에 홀로 서서 옷 젖는 줄 모르며
오작교 견우직녀처럼 정담을 나눌 사람 없어
호수 속에 숨은 달 투망 던져 건져 가야겠다

마 음

늦가을 저녁, 태양빛은 한강둔치 위로
코스모스 꽃잎으로 지평을 만들어 놓았다

불순한 생각과 행동으로 타락한 마음을
꽃잎에 적셔 한강물로 씻어 노을에 말린다

심연에 굳게 숨어버린 마음의 찌꺼기를
바다를 향해 한강물에 흘러 흘러서 보낸다

나의 모습

밤하늘에 부서져 내리는 조각달빛에
강물을 거울삼아 나의 모습 바라본다.

한강물은 어디서 와서 어디로 가는지
무엇이 그립고 아쉬웠던지 말이 없다

한강 건너 여의도 실오리 빛 유혹에
고개 숙여 강물속의 나의 모습을 본다

밤새 흐르는 강물은 아무 말이 없고
잠몰된 한 조각 쪽 달만이 남아 있다

나의 길 (1)

비굴함과 경멸함을 적극 거부하고
부와 빈곤의 가치수용이 균형이룬
나의 길로 가리라

내가 살아가는 삶에 대한 목표는
자유 확대와 위협이 없는 평온한
나의 길로 가리라

값싼 동정심과 착취를 타파하고
평등과 정의를 위하는 보다 높은
나의 길로 가리라

나의 길 (2)

누가 오라는 곳 없고 가진 것 없다 해도
마음속의 그릇 비우면서 채워지는 생각은
누가 뭐라 하던 외로운 나의 길로 가리라

왼쪽도 오른쪽도 아닌 그 위에 존재하는
나의 길은 통찰력과 열정적인 추진력으로
나무줄기의 가지 키우듯 정의 길로 가리라

5부

그리운 나의 형

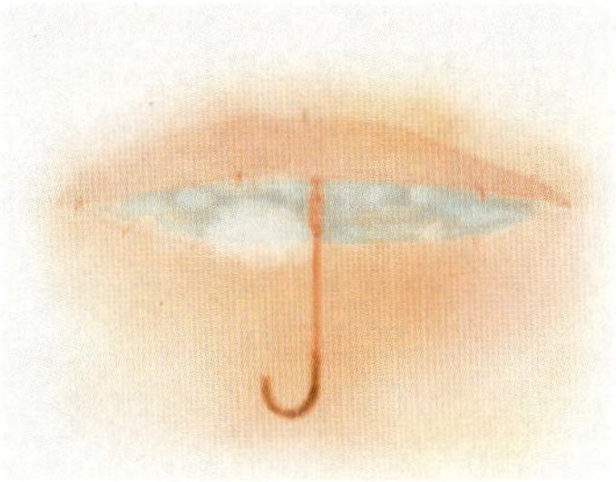

나그네

빛이 오면,
반야(半夜)의 어둠은 사라진다.

길 떠나는 나그네야!

가시밭길 가는 그대 위해
슬픔과 괴로움이 사라진다면,

나! 한 올의 빛이 되고 싶어라.

파괴적 변혁

민주정치는
국민의 권리와 기본적 자유를 인정하고 특권만 옹호하는 타락한 정치를 파괴적으로 혁신하여 새로운 가치를 창조하는 것이다.

민주경제는
독점에 의한 경제수탈을 방지하며 도둑질하는 대규모의 재산을 방지하면서, 정당한 개개인의 소유재산을 보호하는 것이다.

민주사회는
인간적으로 소외되지 않는 생활행복을 느끼며 합리적인 정당성과 윤리적인 정의로 인간적인 사회를 만들어 나가는 것이다.

민주국민은
존재하는 자연환경, 인간의 생명, 인간의 가치, 인간의 능력에 대한 기존의 조건을 생산적으로 새로운 가치를 창조하는 것이다.

꿈(1)

두려운 것이 무엇인가!

꿈꾸며 살다 남긴 삶의 찌꺼기인가
뜬 구름 생각다가 남긴 허무한 꿈인가

화려한 장미꽃처럼 한번은 피었다가
물보라처럼 한 순간에 사라져버리는

허무한 정치적 꿈이다.

꿈(2)

한 손에 장미꽃을 들고
아름다운 미소를 보내지만
불신과 갈등의 쓴 술잔만 주네

다른 손으로 자유와 평등으로
개혁의 깃발로 외쳐보지만
무거운 짐만 지고 가라고 하네

동토 위로 걸어가는 나에게
단 한 번의 기회를 준다면
인간 존중사회를 만들고 말겠다.

선거

선거철이 다가 오며는
선거 자금 마련 때문에
여기저기 뛰어 다니던
나의 형의 모습 생각난다.

아무도 알아주지 않고
누구도 도와주지 않아도
선거에 여섯 번 출마한
나의 형의 모습 생각난다.

변치 않는 한마음으로
정치적 이상을 실현키 위해
한 길로 정치적 삶을 살았던
나의 형의 모습 생각난다.

선거철이 다가 오며는
정치적 꿈의 이상을 위해
용기 있는 삶을 살아왔던
나의 형의 모습 생각난다.

나의 형(장소택) (1)

35년을 독신으로 정치를 사랑하며
아름다운 정치적 꽃을 피우기 위하여
국회의원선거에 여섯 번이나 출마한
나의 형

너무나 정직하고 순백하여
자신의 마음을 속이지 못하고
남을 위한 정의로운 일에는
몸과 마음을 아끼지 않았던
나의 형

구름너머 이루지 못할 녹색 꿈을 꾸며
비운의 장미꽃처럼 실패한 정치가로
한평생을 한 길로만 걸어왔던
나의 형

나의 정신적 지주이며 정치적 대화의
상대로서 언제나 나에게 용기와 힘을
주어 정치적 도전에 무한한 가능성을 준
나의 형

2000년 마지막 겨울이 지나가던 날
형은 잠실방향 나는 신도림방향
마주보며 전철을 기다리던 날
반대편 전철을 기다리며 초조하고
슬퍼 보이지만 나에게 웃음을 보이던
나의 형

건너편에 먼저 도착한 전철은
어두운 터널 속으로 형을 태우고
흔적 없이 사라지고 난 후에도
나는 자리를 떠날 수 없었으며
어쩐 일인지 다시 못 만날 것 같은
나의 형

아무리 정치상황이 궁핍하여도
더러운 돈을 구걸하지 않고
라면 한 봉지와 초코파이 한 개로
정치적 삶을 살아왔던
나의 형

고독과 외롭게 투쟁하다가
사라져간 정치적 푸른 꿈은
한줌의 흰색가루가 되어
오미산 범 바위에 천년의 이끼가 된
나의 형

사람들의 기억 속엔 까맣게 사라져 가고
대나무만 무성하게 자란 텅 빈 집터엔
정직과 신념만으로 한평생 살다간
형의 영혼은 흘러가는 구름 되어
슬픈 빗물을 뿌리며 머물다가 지나간다.

나의 형(장소택) (2)

2000년 마지막 추운 겨울이 지나가던 날
35년의 정치적 꿈은 한줌의 흰색 가루가 되어
오미산 범 바위에 뿌려져 천년바위에 이끼가 된
나의 형

고독과 궁핍으로 연속된 생활 속에서도
어두운 밤이 괴로움과 슬픔을 안고 가면
빛은 꿈을 품고 동쪽부터 밝아 온다고 믿었던
나의 형

자유와 평등을 추구하는 정치적 이상주의로서
고통과 괴로움 님이 준 것이라면 영혼을 바쳐
님이 가시는 가시밭길에 반딧불 반야가 되겠다던
나의 형

운명의 여신이 다가와 건너갈 다리를 놓고
행복의 동산이 있다고 온갖 유혹을 하여도
그 길은 진정 내가 갈 길이 아니라고 말했던
나의 형

고독한 투혼과 영혼의 땀으로 완성한 작품을
장사꾼들에게 아무렇게 평가를 받는다는 것은
죽음보다 치욕스러워 영원히 혼자보고 말겠다던
나의 형

목련꽃처럼 순결한 아름다운 마음으로
개혁의 사상과 이상을 함께 속삭이면서
외로운 사람 흘린 눈물을 닦아준 여인을 좋아했던
나의 형

해마다 추운 겨울이 다가오는 문턱에 서면
실패한 정치적 고통과 슬픔을 안고 가버린
형이 미치도록 보고 싶어서 눈물 나게 하는
나의 형

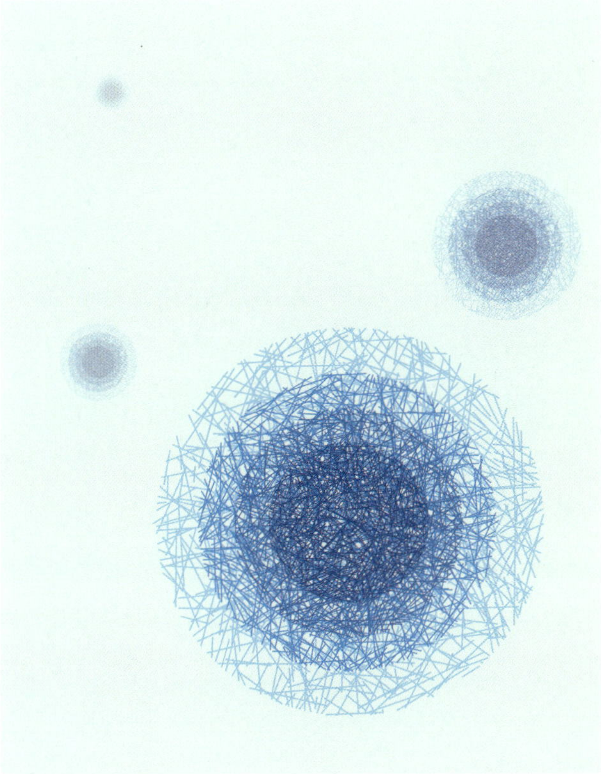

한 점 부끄러움 없이 살다간 나의 형

한 점 부끄러움 없이 일생을 정치만을 사랑하며 살다가버린 형
비록 고독한 투쟁 속에 정직과 순수함을 잃지 않고, 짧은 인생을
실패한 정치가로 살다 갔다

형의 정치사상은 나 혼자만이 절대적으로 자유로워야 하고,
나 혼자만이 풍요한 물질을 누리야 하며 사회를 분열시키며
타락과 부패한 인간들은 마치 썩어 빠진 사과를 구석구석을
도려내어 소금을 쳐서라도 새로 씨앗을 뿌리고 말겠다는 것이
나의 형의 정치적 사상이었다

나의 형은 망국적인 지역감정을 해소하기 위해 몸부림쳤지만
불굴의 상처투성이 되었고, 정신적 파멸의 구렁텅이로 빠진
정치현실이 민족사에 부끄럽다고 했었다.

일생동안 나의 형은 아무도 알아주지 않고 누구도 도와주지
않는 정치현실 속에서 정치적 이상인 푸른 꿈을 실현하기 위해

국회의원선거에서 여섯 번이나 출마했으나 정치현실은
너무나 냉혹했었다.

지금도 하늘 우러러 한 점 부끄러움 없이 정치적 삶을 살다간
나의 형을 생각하면,, 나는 세상에서 정치적 행동을 못할 것이
하나도 없다고 생각한다.

"내 영혼을 모두 바쳐 님이 가는 가시밭길에 반딧불 반야" 가
되겠다던 나의 형의 애타는 절규가 지금도 나의 귓전에 울리며
떠나지 않고 있다.

눈물의 빵

정글법칙처럼 정치적 약육강식에서 희생양이 되었던 사람

평화로운 생활 속에 자유롭고 정의로운 정치적 삶을 갈망했던 사람

순수하고 정직하여 존경받을 수 있는 정치적 환경을 사랑했던 사람

한 조각 눈물의 빵을 씹으며 양심과 도덕적인 삶을 살았던 사람

정치권력과 돈만 탐하지 않고 정치적으로 순백한 삶을 살았던 사람

정치가 외로워 고달플 때 눈물의 빵으로 살아갔던 형이 생각난다.

나의 형에 대한 생각

오랜 세월이 흘러가도 생각나는 형!
녹색 장미꽃을 피우기 위해
고독한 투쟁을 하였던 형!

아무리 경제적으로 궁핍하여도
푸른 꿈을 실현하기 위해
상민의 더러운 돈을 구걸하지 않고
평생 라면 한 봉지와 초코파이 한 개로
정직한 정치적 삶을 살았던 형!

모든 사람들에게 자유와 평등으로
정의로운 사회를 만들려고
정직과 순수함을 잃지 않았던
푸른 꿈을 가진 형!

실패한 정치가로서 사람들 가슴속에
안타까움과 그리움만 남기고

한줌의 흰색가루가 되어
오미산 범 바위의 뿌려져
천년의 이끼가 된 형!

한 많은 정치일생을 마치고 가버린
나의 형이 생각난다.

님

고통과 괴로움이
님이 준 것이라면
외로운 마음 즐겁다네.

빈곤과 슬픔이
님이 준 것이라면
한탄한 마음 행복하네.

나! 님을 위해 무엇을 하나
반야의 반딧불처럼
님을 위한 사랑뿐이네.

고향

서러운 추억 가슴안고 울진장터를 거닐어도
청순한 꿈과 순백한 향기는 찾을 수는 없고
목조건물위로 진홍빛 얼룩진 둥근달만 떠있다

증오와 분노를 더 깊은 사랑으로 묻으면서
오지 않는 꿈을 기다린 어리석은 생각들을
지혜로 바꾸어 위선의 껍데기를 벗어버렸다

장터의 고샅길을 돌고 돌아도 찾을 길 없는
그 때의 추억들을 가슴속에서 지울 수 없는
괴로운 마음은 시장바닥에 팽개치고 가겠다.